Mon album illustré bilingue

Mein zweisprachiges Bilderbuch

Les plus beaux contes pour enfants de Sefa en un seul volume

Ulrich Renz • Barbara Brinkmann:

Dors bien, petit loup · Schlaf gut, kleiner Wolf

À lire à partir de 2 ans

Cornelia Haas • Ulrich Renz:

Mon plus beau rêve · Mein allerschönster Traum

À lire à partir de 2 ans

Ulrich Renz • Marc Robitzky:

Les cygnes sauvages · Die wilden Schwäne

D'après un conte de fées de Hans Christian Andersen

À lire à partir de 5 ans

Special thanks to Paul Bödeker, Freiburg, Germany

ISBN: 9783756304561

sefa

Lis · Écoute · Comprends

Dors bien, petit loup

Schlaf gut, kleiner Wolf

Ulrich Renz / Barbara Brinkmann

français bilingue allemand

Traduction:

Céleste Lottigier (français)

Livre audio et vidéo :

www.sefa-bilingual.com/bonus

Accès gratuit avec le mot de passe:

français: **LWFR1527**

allemand: **LWDE1314**

Bonne nuit, Tim ! On continuera à chercher demain.

Dors bien maintenant !

Gute Nacht, Tim! Wir suchen morgen weiter.

Jetzt schlaf schön!

Dehors, il fait déjà nuit.

Draußen ist es schon dunkel.

Mais que fait Tim là ?

Was macht Tim denn da?

Il va dehors, à l’aire de jeu.

Qu’est-ce qu’il y cherche ?

Er geht raus, zum Spielplatz.

Was sucht er da?

Le petit loup !

Sans lui, il ne peut pas dormir.

Den kleinen Wolf!

Ohne den kann er nicht schlafen.

Mais qui arrive là ?

Wer kommt denn da?

Marie ! Elle cherche son ballon.

Marie! Die sucht ihren Ball.

Et Tobi, qu’est-ce qu’il cherche ?

Und was sucht Tobi?

Sa pelleteuse.

Seinen Bagger.

Et Nala, qu’est-ce qu’elle cherche ?

Und was sucht Nala?

Sa poupée.

Ihre Puppe.

Les enfants ne doivent-ils pas aller au lit ?
Le chat est très surpris.

Müssen die Kinder nicht ins Bett?
Die Katze wundert sich sehr.

7
vitrerie

Qui vient donc là ?

Wer kommt denn jetzt?

Le papa et la maman de Tim !

Sans leur Tim, ils ne peuvent pas dormir.

Die Mama und der Papa von Tim!

Ohne ihren Tim können sie nicht schlafen.

Et en voilà encore d’autres qui arrivent !

Le papa de Marie. Le papi de Tobi. Et la maman de Nala.

Und da kommen noch mehr! Der Papa von Marie.

Der Opa von Tobi. Und die Mama von Nala.

Vite au lit maintenant !

Jetzt aber schnell ins Bett!

Bonne nuit, Tim !

Demain nous n'aurons plus besoin de chercher.

Gute Nacht, Tim!

Morgen müssen wir nicht mehr suchen.

Dors bien, petit loup !

Schlaf gut, kleiner Wolf!

Cornelia Haas • Ulrich Renz

Mon plus beau rêve

Mein allerschönster Traum

Traduction:

Martin Andler (français)

Livre audio et vidéo :

www.sefa-bilingual.com/bonus

Accès gratuit avec le mot de passe:

français: **BDFR1527**

allemand: **BDDE1314**

Mon plus beau rêve

Mein allerschönster Traum

Cornelia Haas · Ulrich Renz

français | bilingue | allemand

Lulu n’arrive pas à s’endormir. Tous les autres rêvent déjà – le requin, l’éléphant, la petite souris, le dragon, le kangourou, le chevalier, le singe, le pilote. Et le bébé lion. Même Nounours a du mal à garder ses yeux ouverts.

Eh Nounours, tu m’emmènes dans ton rêve ?

Lulu kann nicht einschlafen. Alle anderen träumen schon – der Haifisch, der Elefant, die kleine Maus, der Drache, das Känguru, der Ritter, der Affe, der Pilot. Und der Babylöwe. Auch dem Bären fallen schon fast die Augen zu …

Du Bär, nimmst du mich mit in deinen Traum?

Tout de suite, voilà Lulu dans le pays des rêves des ours. Nounours attrape des poissons dans le lac Tagayumi. Et Lulu se demande qui peut bien vivre là-haut dans les arbres ?
Quand le rêve est fini, Lulu veut encore une aventure. Viens avec moi, allons voir le requin ! De quoi peut-il bien rêver ?

Und schon ist Lulu im Bären-Traumland. Der Bär fängt Fische im Tagayumi See. Und Lulu wundert sich, wer wohl da oben in den Bäumen wohnt? Als der Traum zu Ende ist, will Lulu noch mehr erleben. Komm mit, wir besuchen den Haifisch! Was der wohl träumt?

Le requin joue à chat avec les poissons. Enfin, il a des amis ! Personne n’a peur de ses dents pointues.
Quand le rêve est fini, Lulu veut encore une aventure. Venez avec moi, allons voir l’éléphant ! De quoi peut-il bien rêver ?

Der Haifisch spielt Fangen mit den Fischen. Endlich hat er Freunde! Keiner hat Angst vor seinen spitzen Zähnen.
Als der Traum zu Ende ist, will Lulu noch mehr erleben. Kommt mit, wir besuchen den Elefanten! Was der wohl träumt?

L’éléphant est léger comme une plume et il peut voler ! Dans un instant il va se poser dans la prairie céleste.
Quand le rêve est fini, Lulu veut encore une aventure. Venez avec moi, allons voir la petite souris. De quoi peut-elle bien rêver ?

Der Elefant ist so leicht wie eine Feder und kann fliegen! Gleich landet er auf der Himmelswiese.

Als der Traum zu Ende ist, will Lulu noch mehr erleben. Kommt mit, wir besuchen die kleine Maus! Was die wohl träumt?

La petite souris visite la fête foraine. Ce qui lui plaît le plus, ce sont les montagnes russes.

Quand le rêve est fini, Lulu veut encore une aventure. Venez avec moi, allons voir le dragon. De quoi peut-il bien rêver ?

Die kleine Maus schaut sich den Rummel an. Am besten gefällt ihr die Achterbahn.

Als der Traum zu Ende ist, will Lulu noch mehr erleben. Kommt mit, wir besuchen den Drachen! Was der wohl träumt?

Le dragon a soif à force de cracher le feu. Il voudrait boire tout le lac de limonade !

Quand le rêve est fini, Lulu veut encore une aventure. Venez avec moi, allons voir le kangourou. De quoi peut-il bien rêver ?

Der Drache hat Durst vom Feuerspucken. Am liebsten will er den ganzen Limonadensee austrinken.

Als der Traum zu Ende ist, will Lulu noch mehr erleben. Kommt mit, wir besuchen das Känguru! Was das wohl träumt?

Le kangourou sautille dans la fabrique de bonbons et remplit sa poche. Encore plus de ces bonbons bleus ! Et plus de sucettes ! Et du chocolat ! Quand le rêve est fini, Lulu veut encore une aventure. Venez avec moi, allons voir le chevalier ! De quoi peut-il bien rêver ?

Das Känguru hüpft durch die Süßigkeitenfabrik und stopft sich den Beutel voll. Noch mehr von den blauen Bonbons! Und mehr Lollis! Und Schokolade!
Als der Traum zu Ende ist, will Lulu noch mehr erleben. Kommt mit, wir besuchen den Ritter! Was der wohl träumt?

Le chevalier a une bataille de gâteaux avec la princesse de ses rêves. Ouh-la-la, le gâteau à la crème a râté son but !
Quand le rêve est fini, Lulu veut encore une aventure. Venez avec moi, allons voir le singe ! De quoi peut-il bien rêver ?

Der Ritter macht eine Tortenschlacht mit seiner Traumprinzessin. Oh! Die Sahnetorte geht daneben!
Als der Traum zu Ende ist, will Lulu noch mehr erleben. Kommt mit, wir besuchen den Affen! Was der wohl träumt?

Il a enfin neigé au pays des singes. Toute leur bande est en folie, et fait des bêtises.
Quand le rêve est fini, Lulu veut encore une aventure. Venez avec moi, allons voir le pilote ! Sur quel rêve a-t-il pu se poser ?

Endlich hat es einmal geschneit im Affenland! Die ganze Affenbande ist aus dem Häuschen und macht Affentheater.
Als der Traum zu Ende ist, will Lulu noch mehr erleben. Kommt mit, wir besuchen den Piloten! In welchem Traum der wohl gelandet ist?

Le pilote vole et vole. Jusqu'au bout du monde, et encore au delà, jusqu'aux étoiles. Jamais aucun pilote ne l'avait fait.
Quand le rêve est fini, ils sont déjà tous très fatigués, et n'ont plus trop envie d'aventures. Mais quand même, ils veulent encore voir le bébé lion. De quoi peut-il bien rêver ?

Der Pilot fliegt und fliegt. Bis ans Ende der Welt und noch weiter bis zu den Sternen. Das hat noch kein anderer Pilot geschafft.
Als der Traum zu Ende ist, sind alle schon sehr müde und wollen nicht mehr so viel erleben. Aber den Babylöwen wollen sie noch besuchen. Was der wohl träumt?

Le bébé lion a le mal du pays, et voudrait retourner dans son lit bien chaud et douillet.
Et les autres aussi.

Et voilà que commence ...

Der Babylöwe hat Heimweh und will zurück ins warme, kuschelige Bett.
Und die anderen auch.

Und da beginnt ...

… le plus beau rêve
de Lulu.

… Lulus
allerschönster Traum.

Ulrich Renz • Marc Robitzky

Les cygnes sauvages

Die wilden Schwäne

Traduction:

Martin Andler (français)

Livre audio et vidéo :

www.sefa-bilingual.com/bonus

Accès gratuit avec le mot de passe:

français: **WSFR1527**

allemand: **WSDE1314**

sefa

Ulrich Renz · Marc Robitzky

Les cygnes sauvages

Die wilden Schwäne

D'après un conte de fées de

Hans Christian Andersen

français bilingue allemand

Il était une fois douze enfants royaux — onze frères et une sœur ainée, Elisa. Ils vivaient heureux dans un magnifique château.

Es waren einmal zwölf Königskinder – elf Brüder und eine große Schwester, Elisa. Sie lebten glücklich in einem wunderschönen Schloss.

Un jour, la mère mourut, et après un certain temps, le roi se remaria. Mais la nouvelle épouse était une méchante sorcière. Elle changea les onze princes en cygnes et les envoya dans un pays éloigné, au delà de la grande forêt.

Eines Tages starb die Mutter, und einige Zeit später heiratete der König erneut. Die neue Frau aber war eine böse Hexe. Sie verzauberte die elf Prinzen in Schwäne und schickte sie weit weg in ein fernes Land jenseits des großen Waldes.

Elle habilla la fille de haillons et enduisit son visage d’une pommade répugnante, si bien que son propre père ne la reconnut pas et la chassa du château. Elisa courut vers la sombre forêt.

Dem Mädchen zog sie Lumpen an und schmierte ihm eine hässliche Salbe ins Gesicht, so dass selbst der eigene Vater es nicht mehr erkannte und aus dem Schloss jagte. Elisa rannte in den dunklen Wald hinein.

Elle était alors toute seule et ses frères lui manquaient terriblement au plus profond de son âme. Quand le soir vint, elle se confectionna un lit de mousse sous les arbres.

Jetzt war sie ganz allein und sehnte sich aus tiefster Seele nach ihren verschwundenen Brüdern. Als es Abend wurde, machte sie sich unter den Bäumen ein Bett aus Moos.

Le lendemain matin, elle arriva à un lac tranquille et fut choquée de voir son reflet dans l'eau. Une fois lavée, cependant, elle redevint le plus bel enfant royal sous le soleil.

Am nächsten Morgen kam sie zu einem stillen See und erschrak, als sie darin ihr Spiegelbild sah. Nachdem sie sich aber gewaschen hatte, war sie das schönste Königskind unter der Sonne.

Après de nombreux jours, elle arriva à la grande mer. Sur les vagues dansaient onze plumes de cygnes.

Nach vielen Tagen erreichte Elisa das große Meer. Auf den Wellen schaukelten elf Schwanenfedern.

Au coucher du soleil, il y eut un bruissement dans l'air, et onze cygnes sauvages se posèrent sur l'eau. Elisa reconnut tout de suite ses frères ensorcelés. Mais comme ils parlaient la langue des cygnes, elle ne pouvait pas les comprendre.

Als die Sonne unterging, war ein Rauschen in der Luft, und elf wilde Schwäne landeten auf dem Wasser. Elisa erkannte ihre verzauberten Brüder sofort. Weil sie aber die Schwanensprache sprachen, konnte sie sie nicht verstehen.

Chaque jour, les cygnes s'envolaient au loin, et la nuit, les frères et sœurs se blottissaient les uns contre les autres dans une grotte.

Une nuit, Elisa fit un rêve étrange : sa mère lui disait comment racheter ses frères. Elle devrait tricoter une chemise d'orties à chacun des cygnes et les leur jeter dessus. Mais avant d'en être là, il ne fallait pas qu'elle prononce un seul mot : sinon ses frères allaient mourir.
Elisa se mit au travail immédiatement. Et bien que ses mains lui brûlaient comme du feu, elle tricotait et tricotait inlassablement.

Tagsüber flogen die Schwäne fort, nachts kuschelten sich die Geschwister in einer Höhle aneinander.

Eines Nachts hatte Elisa einen sonderbaren Traum: Ihre Mutter sagte ihr, wie sie die Brüder erlösen könne. Aus Brennnesseln solle sie für jeden Schwan ein Hemdchen stricken und es ihm überwerfen. Bis dahin aber dürfe sie kein einziges Wort reden, sonst müssten ihre Brüder sterben.
Elisa machte sich sofort an die Arbeit. Obwohl ihre Hände wie Feuer brannten, strickte sie unermüdlich.

Un jour, des cornes de chasse se firent entendre au loin. Un prince, accompagné de son entourage, arriva à cheval et s'arrêta devant elle. Quand leurs regards se croisèrent, ils tombèrent amoureux.

Eines Tages ertönten in der Ferne Jagdhörner. Ein Prinz kam mit seinem Gefolge angeritten und stand schon bald vor ihr. Als die beiden sich in die Augen schauten, verliebten sie sich ineinander.

Le prince prit Elisa sur son cheval
et l'emmena dans son château.

Der Prinz hob Elisa auf sein Pferd
und nahm sie mit auf sein Schloss.

Le très puissant trésorier fut loin d'être content de l'arrivée de cette beauté muette : c'était sa fille à lui qui devait devenir la femme du prince !

Der mächtige Schatzmeister war über die Ankunft der stummen Schönen alles andere als erfreut. Seine eigene Tochter sollte die Braut des Prinzen werden.

Elisa n’avait pas oublié ses frères. Chaque soir, elle poursuivait son travail sur les chemises. Une nuit, elle alla au cimetière pour cueillir des orties fraiches. Le trésorier l’observa en cachette.

Elisa hatte ihre Brüder nicht vergessen. Jeden Abend arbeitete sie weiter an den Hemdchen. Eines Nachts ging sie hinaus auf den Friedhof, um frische Brennnesseln zu holen. Dabei beobachtete der Schatzmeister sie heimlich.

Dès que le prince partit à la chasse, le trésorier fit enfermer Elisa dans le donjon. Il prétendait qu'elle était une sorcière qui se réunissait avec d'autres sorcières la nuit.

Sobald der Prinz auf einem Jagdausflug war, ließ der Schatzmeister Elisa in den Kerker werfen. Er behauptete, dass sie eine Hexe sei, die sich nachts mit anderen Hexen treffe.

Au petit matin Elisa fut emmenée par les gardes. Elle devait être brûlée sur la place du marché.

Im Morgengrauen wurde Elisa von den Wachen abgeholt. Sie sollte auf dem Marktplatz verbrannt werden.

A peine y fut-elle arrivée qu'onze cygnes arrivèrent en volant. Elisa, très vite, jeta une chemise d'orties sur chacun d'eux. Bientôt, tous ses frères étaient devant elle en forme humaine. Seul le plus petit, dont la chemise n'était pas terminée, avait encore une aile à la place d'un bras.

Kaum war sie dort angekommen, als plötzlich elf weiße Schwäne geflogen kamen. Schnell warf Elisa jedem ein Nesselhemdchen über. Bald standen alle ihre Brüder in Menschengestalt vor ihr. Nur der Kleinste, dessen Hemd nicht ganz fertig geworden war, behielt anstelle eines Armes einen Flügel.

Les frères et la sœur étaient encore en train de s'étreindre et de s'embrasser quand le prince revint. Elisa put enfin tout lui expliquer. Le prince fit jeter le méchant trésorier dans le donjon. Après quoi, le mariage fut célébré pendant sept jours.

Et ils vécurent heureux et eurent beaucoup d'enfants.

Das Herzen und Küssen der Geschwister hatte noch kein Ende genommen, als der Prinz zurückkam. Endlich konnte Elisa ihm alles erklären. Der Prinz ließ den bösen Schatzmeister in den Kerker werfen. Und dann wurde sieben Tage lang Hochzeit gefeiert.

Und wenn sie nicht gestorben sind, dann leben sie noch heute.

Hans Christian Andersen

Hans Christian Andersen est né en 1805 dans la ville danoise d'Odense et est mort en 1875 à Copenhague. Avec ses contes de fées tels que « La Petite Sirène », « Les Habits neufs de l'empereur » ou « Le Vilain Petit Canard », il s'est fait connaitre dans le monde entier. Ce conte-ci, « Les cygnes sauvages », a été publié en 1838. Il a été traduit en plus d'une centaine de langues et adapté pour une large gamme de médias, y compris le théâtre, le cinéma et la comédie musicale.

Barbara Brinkmann est née à Munich en 1969 et a grandi dans les contreforts bavarois des Alpes. Elle a étudié l'architecture à Munich et est actuellement associée de recherche à la Faculté d'architecture de l'Université technique de Munich. En outre, elle travaille en tant que graphiste, illustratrice et écrivaine indépendante.

Cornelia Haas est née en 1972 à Ichenhausen près d'Augsbourg. Après une formation en apprentissage de fabricant d'enseignes et de publicités lumineuses, elle a fait des études de design à l'université de sciences appliquées de Münster où elle a obtenu son diplôme. Depuis 2001, elle illustre des livres pour enfants et adolescents, depuis 2013, elle enseigne la peinture acrylique et numérique à la à l'université de sciences appliquées de Münster.

Marc Robitzky, né en 1973, a fait ses études à l'école technique d'art à Hambourg et à l'académie des arts visuels à Francfort. Il travaille comme illlustrateur indépendant et graphiste à Aschaffenburg (Allemagne).

Ulrich Renz est né en 1960 à Stuttgart (Allemagne). Après des études de littérature française à Paris, il fait ses études de médecine à Lübeck, puis dirige une maison d'édition scientifique et médicale. Aujourd'hui, Renz écrit des essais et des livres pour enfants et adolescents.

Tu aimes dessiner ?

Voici les images de l'histoire à colorier :

www.sefa-bilingual.com/coloring

www.ingramcontent.com/pod-product-compliance
Lightning Source LLC
LaVergne TN
LVHW070446080526
838202LV00035B/2748
* 9 7 8 3 7 5 6 3 0 4 5 6 1 *